Terminología Jurídica

Básica

Guía Elemental del Alumno

Luis Narváez C.

Presentación de la primera edición

Sucedió después de tres años de haber concluido mi ciclo académico de la Licenciatura en Derecho y dos como maestro para la misma, que se presentó la oportunidad de realizar el libro que hoy pongo en tus manos.

Como siempre lo ne dicho y recordado en cada curso, el uso del lenguaje técnico formal de la Ciencia del Derecho no sólo es muestra del nivel que guarda el profesional de la materia, sino elemento básico en el desarrollo de sus actividades.

Por esto, en primer lugar agradezco a la Universidad José Martí de Latinoamérica, y a su Rector Jorge Cuéllar Montoya, la oportunidad brindada a quien escribe, para impartir las principales materias de la Licenciatura en Ciencias Jurídicas y, por supuesto, a todos los alumnos que han formado parte de ella; aún más a tres grandes personas que fueron el impulso que trascendió la idea hoy materializada: Victoria Khune, Guadalupe Zúñiga y Enrique Tostado.

Mi deseo es que a partir de la lectura de las siguientes páginas, logren encontrar las respuestas a dudas que se recogen en el transcurso de las actividades propias del profesional del Derecho.

Sin duda, la realización de un libro de terminología no es sencillo, pues el panorama es amplio y el tiempo y espacio limitado; sin embargo, en la primer edición de esta guía elemental he procurado integrar términos comunes y otros que no lo son, con la intención de elevarlos en próximas ediciones.

Que sea este un aliento adicional a tus estudios.

Luis Narváez C.

Terminología jurídica

Básica

Guía Elemental del Alumno

A crédito

Operación en materia mercantil, donde el deudor se obliga a realizar el pago, como forma de extinción de la obligación, de manera diferida, al acreedor.

A contrario sensu

Voz latina cuyo significado es ¨en sentido contrario¨ y se usa en forma de argumento frente a alguna premisa.

A cuenta

Pago que se efectúa con el fin de acercarse a la extinción de la obligación.

A la orden

A través de esta el titulo de crédito puede otorgarse a alguna persona con un endoso.

A puerta cerrada

Aquella diligencia en que se determina que por la naturaleza del juicio, no podrá realizarse en forma pública.

Ab intestado

Se refiere al cúmulo de bienes cuyo propietario ha fallecido sin realizar su testamento.

Abandonar

La renuncia voluntaria a un bien o un derecho.

Abandono de familia

Acción de dejar en desamparo a los descendientes y cónyuge o concubino, por parte del obligado a la manutención como jefe de familia, que puede recaer en el hombre o mujer.

Abandono del proceso

Deriva de la falta de actividad dentro de un proceso durante el tiempo que la legislación en la materia marca para tal efecto.

Abandono de trabajo

Acción de no atender las obligaciones que el empleado contrae, como lo es, en concreto, su falta de presencia en el centro laboral.

Abdicación

Renuncia y cesión de los derechos y/u obligaciones que derivan de un cargo, al momento de dejarlo.

Aberratio

Voz latina que significa error.

Abjuración

Acción contraria al juramento en donde el sujeto declara bajo protesta que lo expuesto anteriormente es erróneo o falso, habiendose presentado como verdad.

Abogado

Persona que se presenta a juicio a modo de representante de una de las partes.

Abogado de estado

Aquel que aboga y cuyo lazo de obligación principal es con el Estado, representandolo en los procesos.

Abogado de oficio

Aquel abogado que se obliga a la defensa de una persona que tiene las características que la ley marca para ser atendido por su situación de pobreza.

Abrogación

Se le llama a la norma jurídica que ha sido eliminada y queda sin efecto, dando paso a una nueva.

Absolución

Al inculpado, una vez de realizado el debido proceso, se le descarga de los hechos que se le han imputado, liberandolo de las obligaciones que la conducta le pudo aparejar.

Absolutismo

Aquel sistema en donde la figura del poder público no tiene límites y se ejercen sus funciones sin medidas de equilibrio o vigilancia.

Abstención

La no realización de un acto o dicho.

Abuso

Se le llama al uso de una función, poder o facultad sin límite, equidad c fuera de la ley.

Abuso de autoridad

Uso de las funciones con que goza un servidor público, que atenta contra alguien más. Generalmente es un delito sancionado por la ley penal.

Abuso de confianza

El sujeto activo es la persona que se aprovecha del conocimiento de una cosa o posesión de algo para beneficio personal o de otro que no es quien guarda ese derecho originalmente y sin su autorización.

Accesión en tratado

Por este medio, los estados que no forman parte de la toma de obligaciones nacida en un convenio o tratado internacional, se sujetan al mismo de acuerdo a las normas internas una vez llevado el proceso marcado en su legislación.

Accidente

Hecho que no se produce con la intención de causar daño o agravio pero que sin embargo lo hace.

Accidente de trabajo

Es aquel hecho involuntario ocurrido dentro del centro de trabajo, cerca o fuera de este, de acuerdo a las reglas de la Ley de Trabajo, que trastoca la actividad del trabajador y el patrón, produciendo en el primero una lesión o daño.

Acción

Derecho con que goza una persona para solicitar a la autoridad que corresponda el inicio de un proceso al pretender la restitución de un derecho perdido o la obtención de un bien derivado de una acción que atenta contra sus intereses.

Acción de nulidad

Tiene como fin que el juez declare nulo y sin efecto un acto jurídico celebrado.

Acción disciplinaria

Se dispone contra el agente que realiza una actividad o produce un hecho que contraría sus normas de comportamiento e implica una sanción por la misma.

Acción penal

Se refiere al inicio de un proceso de orden penal cuando se determina que el inculpado es en realidad responsable de los hechos que se le imputan.

Aceptación

Acto de hacer válida la obligación que se contrae en la celebración de un acto jurídico.

Acreedor

Aquel que tiene privilegio sobre una cosa o un derecho.

Acta

Documento expedido por el Estado u otro al que este le concede la facultad para certificar hechos o actos.

Acta de estado civil

Documento que expide el registro estatal para certificar el estado civil de una persona o hechos y actos relativos a esta.

Acto

Hecho o actividad realizada.

Actor

El que presenta la demanda.

Acto jurídico

Manifestación de la voluntad con el objetivo de producir efectos jurídicos.

Acto legislativo

Aquel que realiza el legislador en ejercicio de sus funciones para crear, modificar, extinguir o derogar una norma, de acuerdo a las reglas establecidas para tales procedimientos.

Acto de comercio

Actividad que se realiza normada por el derecho mercantil y que se subordina a las leyes comerciales, cuyos sujetos son aquellos que se dediquen a esta actividad en forma continua.

Acto ilícito

Aquel que se realiza y cuyos elementos son contrarios a la norma jurídica.

Acto inexistente

Aquellos en que las partes que se obligan, no han atendido los requisitos esenciales de generación.

Acto simulado

Es en el que las partes declaran lo no sucedido o algo que no haya sido convenido en realidad.

Acto solemne

En ellos se requieren ciertos aspectos de formalidad.

Acto unilateral

Manifestación de una o mas voluntades que guardan un solo interés.

Acto bilateral

Manifestación de la voluntad de dos o más personas que guardan derechos y obligaciones recíprocos.

Acusar

Acto de llamar a la autoridad para hacer de su conocimiento la inobservancia de la norma de uno o varios sujetos.

Acusado

Aquel a quien se le imputa la comisión de un delito o acto contrario a la ley.

Acusador

Quien acusa a otro de haber violentado un derecho u ocasionado un daño en su persona o bienes.

Ad Literam

Lo que se hace atendiendo de manera fiel al texto.

Adhesión

Efecto de consentir y acercar un acto o formulación hechos por otro.

Adjudicar

Declarar la pertenencia o propiedad de una cosa a alguien.

Administrar

La supervisión o manejo de los bienes ajenos a favor de otro.

Administración judicial

El conjunto de instituciones u órganos que el Estado faculta para llevar a cabo actividades de impartición de justicia de acuerdo a sus facultades y deberes.

Administración pública

Manejo del Gobierno a través de sus instituciones de los bienes que son propiedad del Estado y sus miembros y por las que lleva a cabo sus tareas destinadas al cumplimiento de sus fines.

Admisión

Aceptación de algo o alguien.

Adopción

Recepción de alguien como hijo o hija no siendolo en forma natural.

Adopción internacional

Es la promovida por ciudadanos de otro país, con residencia habitual fuera del territorio nacional. Tiene como objeto incorporar, en una familia, a un menor que no puede encontrarla en su propio país de origen.

Adopción plena

El adoptado bajo la forma de adopción plena se equipara al hijo consanguíneo para todos los efectos legales, incluyendo los impedimentos de matrimonio. El adoptado tiene en la familia del o los adoptantes los mismos derechos, deberes y obligaciones del hijo consanguíneo y debe llevar los apellidos del adoptante o adoptantes.

La adopción plena extingue la filiación preexistente entre el adoptado y sus progenitores y el parentesco con las familias de éstos, salvo para los impedimentos de matrimonio. -Art 410 A CCF

Aduana

Oficina de carácter pública que se encarga de la revisión y aceptación de mercancías que entran o salen del territorio nacional.

Afinidad

Parentesco derivado del cambio de estado civil de las personas.

Agravante

Hechos o situaciones que aumentan la importancia de un delito y, por consiguiente, la pena que le merece.

Agresión

Hecho violento que se contrapone a lo dispuesto en nuestro derecho y que causa daño a otro.

Albacea

Aquel a quien se encarga la ejecución de la sucesión testamentaria.

Albedrío

Facultad con que goza el ser humano que se deriva en la libre decisión.

Alevosía

Cuidado con que se ejecuta un hecho y que pone al agente activo en mejores condiciones frente a otro para la realización del mismo.

Alianza

Unión de una o más partes para el logro de un fin.

Alimentos

Comprenden la comida, el vestido, la habitación y la asistencia en casos de enfermedad. Respecto de los menores los alimentos comprenden, además, los gastos necesarios para la educación primaria del alimentista, y para proporcionarle algún oficio, arte o profesión honestos y adecuados a su sexo y circunstancias personales. -Art 308 CCF

Amenaza

Ejercicio de intimidación, inyección de miedo o temor que se hace a alguien más.

Amnistía

A través de este acto se otorga el perdón por la comisión de ciertos delitos a las personas.

Amonestación

Advertencia que el juez dirige al acusado, haciéndole ver las consecuencias del delito que cometió, excitándolo a la enmienda y conminándolo con que se le impondrá una sanción mayor si reincidiere. Art 42 CPF

Analogía

Uso de una norma para aplicarse en un hecho que no tiene una para atender lo concreto.

Anarquía

Falta de autoridad que deriva en desorden publico.

Anatocismo

Capitalización de intereses.

Anulación

Perdida de un acto jurídico por no atender los requisitos de forma o fondo.

Apátrida

Que no tiene patria.

Apelación

Recurso que se interpone ante una autoridad respecto de una decisión judicial para revocarla.

Apercibimiento

Conminación que el juez hace a una persona, cuando ha delinquido y se teme con fundamento que está en disposición de cometer un nuevo delito, ya sea por su actitud o por amenazas, de que en caso de cometer éste, será considerado como reincidente. Art 43 CPF

Apoderado

Aquel que recibe un mandato para actuar a favor de otro en ciertos casos.

Arancel

Catalogo de tarifas a pagar por la obtención de un servicio.

Arbitraje

Método alterno en donde el tercero fija la posición final que considera como la adecuada para la resolución del conflicto.

Arrendamiento

Los contratantes se obligan recíprocamente, una, a conceder el uso o goce temporal de una cosa, y la otra, a pagar por ese uso o goce un precio cierto.

Asesinato

Acción de quitar la vida a otro.

Asociación

Cuando varios individuos convinieren en reunirse, de manera que no sea enteramente transitoria, para realizar un fin común que no esté prohibido por la ley y que no tenga carácter enteramente económico.

Audiencia

Acto en el cual la autoridad permite que los interesados en un asunto expongan sus argumentos.

Audiencia publica

Aquella en que la visión y escucha está libre a todo aquel que desee acceder, cumpliendo con los requisitos de orden y seguridad determinados en la ley.

Autocracia

En esta un solo individuo ejerce el poder sobre un territorio determinado, sin límites que marquen su autoridad.

Autoridad

Aquella que tiene poder sobre otro u otros en cierto territorio y donde los sujetos se subordinan.

Autos

Son los que resuelven sobre propuestas de las partes que se refieren a toda cuestión o situación importante para el desarrollo del proceso.

Aval

Aquel que toma la responsabilidad por otro en caso de incumplimiento.

Avalúo

Se realiza para determinar el valor de una cosa.

B

Bajo apercibimiento

Situación en que se encuentra una persona que ha sido amonestada por la realización de una actividad que no corresponde a lo permitido por la norma jurídica.

Balística

Ciencia que se ocupa del uso de armas de fuego y el alcance que puede tener el uso de las mismas. Es auxiliar de la criminología y apoya los procesos judiciales.

Banco

Lugar en donde se realizan operaciones de crédito.

Banda delictiva

Asociación de dos o más personas cuyo fin es la realización de actos delictivos.

Base de datos

Lugar en donde se reúnen elementos sobre diversos temas y que reunidos forman un lugar idóneo para la investigación y obtención de información.

Bastardo

Adjetivo que recibe el hijo ilegítimo o nacido fuera del matrimonio.

Beneficencia

La que se realiza en forma libre y voluntaria para dar a otro un bien sin interés adicional que este.

Bibliografía jurídica

Presenta la serie de lugares en donde obtuvo información sobre un tema tratado, ordenado en forma distinta.

Bicameralismo

Sistema político en que el Poder Legislativo recae en dos cámaras, generalmente conocidas como alta y baja, donde cada una de las tienen funciones específicas.

Bien jurídico

Aquello que protege cada norma.

Bienes

Cosas de las que se puede apropiar de acuerdo a la ley y que pueden ser tangibles y no tangibles.

Bienes accesorios

Todos los que están sujetos o derivan de otro bien.

Bien común

Aquellos de los que el hombre no puede apropiarse por pertenecer a la colectividad. Ej. Agua, luz, aire, etc.

Bien consumible

Los que se extinguen con un solo uso.

Bienes corporales

Cosas que pueden apropiarse, con naturaleza tangible.

Bienes de dominio público

Aquellos que pertenecen originalmente a la administración pública por nacer a raíz de sus actos pero que son de todos en uso y disfrute por beneficiar a la comunidad y que no pueden apropiarse por particulares.

Bienes de propiedad de los particulares

Todas las cosas cuyo dominio les pertenece legalmente, y de las que no puede aprovecharse ninguno sin consentimiento del dueño o autorización de la ley. Art 772 CCF

Bienes de uso común

Son inalienables e imprescriptibles. Pueden aprovecharse de ellos todos los habitantes, con las restricciones establecidas por la ley; pero para aprovechamientos especiales se necesita concesión otorgada con los requisitos que prevengan las leyes respectivas. Art.768 CCF

Bien fungible

Es el equivalente a otro que ya existe en formas y cantidades.

Bienes gravados

Sobre los que recae un derecho real, de uso, posesión o que están sujetos a responsabilidad.

Bienes inalienables

Son los que se encuentran fuera del comercio de acuerdo a la ley.

Bien indivisible

Son todos los que su naturaleza impide la división.

Bienes litigiosos

Aquellos que son parte de un juicio como objeto principal.

Bienes mostrencos

Los bienes abanconados o cuyo dueño no es conocido.

Bigamia

Delito que implica un doble matrimonio sin haber disuelto el vínculo anterior o que no ha ocurrido un hecho, como la muerte, que le libere del mismo.

Bilateral

Contrato en el cual dos partes de obligan de la misma forma.

Bipartidismo

Sistema político en donde sólo dos partidos políticos mantienen fuerza y ocupación en las opciones de renovación de los poderes públicos.

C

Caducidad

Se presenta cuando quien debe ejecutar ciertos actos dentro de un proceso, no los lleva a cabo, perdiendo el derecho para ello.

Calamidad

Eventos desastrosos de la naturaleza o por la mano del hombre que causa daño en la vida de la comunidad en que se haya presentado.

Calumnia

Imputar en falso a alguien más un hecho delictuoso.

Candidato

Aquel que aspira a ocupar un cargo público y que se presenta a la elección de acuerdo a las reglas del proceso.

Capacidad

Quien tiene habilidad o aptitud para realizar algo.

Capitulaciones matrimoniales

Son los pactos que los esposos celebran para constituir la sociedad conyugal o la separación de bienes y reglamentar la administración de éstos en uno y en otro caso. -Art 179 CCF

Cárcel

Lugar en que se cumplen las sentencias emitidas por la autoridad judicial.

Cargo

Otorgamiento de responsabilidad a alguien.

Caso fortuito

Sucesos que no pudieron preverse o evitarse.

Cedente

Sujeto que transmite o cede un derecho u obligación a otro.

Censura

Medida que coarta la libertad de expresión o manifestación de ideas y argumentos.

Centralización

Reunión de facultades en un órgano.

Certificación

A través de esta, la autoridad da fe de algún hecho, documento o acto realizado.

Cesión de derechos

Cuando el acreedor transfiere a otro los que tenga contra su deudor.

Ciencia política

Ciencia que se encarga del estudio de la administración, ejecución, funcionamiento y organización del poder político.

Citación

Aquella a través de la cual la autoridad hace llamar a alguien para su presentación.

Coalición

Reunión de diversas voluntades para actuar en conjunto para un fin especifico.

Coalición partidista

En donde se reúnen dos o más partidos políticos con miras a lograr un objetivo que puede ser la obtención de la representación en el poder público.

Código

Conjunto de normas que regulan procesos y procedimientos sobre ciertas materias.

Cohecho

Delito que implica la dádiva o aceptación de un bien o de dinero para la realización o no de algo que está dentro de sus obligaciones.

Colusión

Acto de reunirse con el fin de dañar a otro.

Comerciante

Persona física que reuniendo las condiciones marcadas por la ley se dedica habitualmente a realizar acto de comercio.

Comisión parlamentaria

Grupos de legisladores reunidos y que estudian y deciden sobre temas en particular de acuerdo a sus facultades.

Comodato

A través de este acto jurídico, una persona presta a otro un bien con el fin de que le use y al final se le haga la devolución del mismo.

Competencia

Poder de una institución o funcionario que se ejerce en cierto territorio, de alguna materia o frente a personas en concreto.

Concurso ideal de delitos

Cuando con una sola conducta se cometen varios delitos. Art 18 CPF

Concurso real de delitos

Cuando con pluralidad de conductas se cometen varios delitos. Art 18 CPF

Conciliación

Método alterno de solución de conflictos en que dos partes resuelven una situación con apoyo de un tercero imparcial.

Condena

Es la decisión en que se impone una pena a un sujeto que ha sido declarado culpable en un proceso, debiendo esta cumplirlas de acuerdo a lo establecido.

Confesión

Manifestación voluntaria hecha que se basa en el conocimiento un hecho.

Conflictos

Situación que se presenta, derivada de un choque de intereses entre dos o más personas.

Consentimiento

Manifestación de la voluntad en la realización de un acto jurídico.

Contrabando

Trafico ilegal de mercancías prohibidas por la ley.

Contrato

Manifestación de voluntades de dos o más personas para generar un vínculo obligatorio entre las mismas.

Convenio

Es el acuerdo de voluntades para modificar, extinguir o crear obligaciones entre varios.

Cónyuge

Aquel que se encuentra dentro de un vínculo matrimonial.

Cosa juzgada

Resolución judicial que no tiene recurso en contra o que habiendolo no se ha presentado por quien corresponde.

Costas

Gastos en que incurren las partes dentro de un proceso judicial.

Crédito

Derecho que tiene una persona para recibir de otra o exigirle en cumplimiento.

Cuerpo del delito

Conjunto de medios, herramientas y hechos que han generado un delito.

Comparación

Muestra de características de dos o más objetos de análisis para determinar puntos de encuentro o choque entre los mismos.

Compensación

Se presenta en el momento en que dos personas toman el carácter de deudor y acreedor entre ellos mismos.

Compra de esperanza

Contrato que tiene por objeto adquirir por una cantidad determinada, los frutos que una cosa produzca en el tiempo fijado, tomando el comprador para sí el riesgo de que esos frutos no lleguen a existir; o bien, los productos inciertos de un hecho, que puedan estimarse en dinero. Art 2792 CCF

Compraventa

Contrato por el cual un sujeto se obliga a transmitir la propiedad de un bien a otro, a cambio de una cantidad de dinero.

Conciliación

En este tipo de método alterno, un tercero se encarga de reunir a las partes en conflicto y tiene la capacidad de realizar recomendaciones sobre el asunto.

Confinamiento

Consiste en la obligación de residir en determinado lugar y no salir de él. El Ejecutivo hará la designación del lugar, conciliando las exigencias de la tranquilidad pública con la salud y las necesidades del condenado. Cuando se trate de delitos políticos, la designación la hará el juez que dicte la sentencia. Art 28 CPF

Conspiración

Reunión de dos o más personas para cometer algún delito que atente contra la seguridad del Estado o el bienestar general de la población.

Consentimiento Expreso

El que se realiza en forma verbal, escrito o cualquier otro medio que haga conocer la libre voluntad de quien lo da.

Consentimiento Tácito

Se da cuando suceden hechos o actos que hagan conocer la voluntad del sujeto.

Contratos

Son convenios que producen o transfieren las obligaciones y derechos.

Contrato aleatorio

Aquel en que la prestación debida depende de un acontecimiento incierto que hace que no sea posible la evaluación de la ganancia o pérdida, sino hasta que ese acontecimiento se realice.

Contrato de hospedaje

Alguno presta a otro albergue, mediante la retribución convenida, comprendiéndose o no, según se estipule, los alimentos y demás gastos que origine el hospedaje.

Contrato conmutativo

Se da cuando las prestaciones que se deben las partes son ciertas desde que se celebra el contrato, de tal suerte que ellas pueden apreciar inmediatamente el beneficio o la pérdida que les cause éste.

Contrato gratuito

Aquel en que él provecho es solamente de una de las partes.

Contrato oneroso

Aquel en que se estipulan provechos y gravámenes recíprocos.

Contrato social

Aceptación generalizada de la norma jurídica nacional y el gobierno establecido.

Convenio

Acuerdo de dos o más personas para crear, transferir, modificar o extinguir obligaciones.

Cooperar

Trabajo en conjunto que busca objetivos comunes, obteniendo resultados positivos para todos los integrados.

Copropiedad

Cuando una cosa o un derecho pertenecen proindiviso a varias personas. Art 938 CCF

Cosmovisión

Es la forma en que un individuo comprende el mundo y lo que se encuentra en él, atendiendo no solo a lo tangible, sino con búsqueda de algo más lejano de su consciencia.

Crítica

Expresión de la percepción individual sobre un asunto, cosa o persona.

Cultura

Conjunto de hábitos, creencias y filosofía vital que caracterizan a un grupo social, cualquiera que sea su tamaño.

D

Daño

Prejuicio que sufre una persona de carácter moral o material.

Debate

Discusión sobre un tema en donde se exponen posicionamientos y argumentos.

Debate

Discusión formal sobre un asunto en reunión púbica o evento formal, como una asamblea, en donde se oponen argumentos.

Debate

Ejercicio de contraposición de ideas a través de argumentos fundamentados que debe desarrollarse de manera armónica para lograr los objetivos presentados al inicio.

Deber

Obligación que se impone nacida en la ley o la costumbre y valores morales de la época.

Deber jurídico

Obligación nacida en la ley y que regula el comportamiento humano.

Debido proceso

Es una garantía constitucional que implica y manda el correcto desarrollo de los procesos que la autoridad lleva a cabo, en beneficio de quien lo solicite.

Decisión

Resolución sobre un asunto.

Declaración

Manifestación que se realiza de acuerdo a lo que se le cuestiona sobre un hecho o actos realizados y de los cuales tiene conocimiento.

Deducción

Ejercicio de reflexión que parte de lo general hasta llegar a lo concreto.

Delito

Acto realizado que contraría la norma penal y que produce consecuencias jurídicas como son la sanción o pena.

Delito continuado

Se presenta cuando se viola un precepto jurídico recayendo diversos actos en un sólo sujeto pasivo.

Delito culposo

El que produce el resultado típico, que no previó siendo previsible o previó confiando en que no se produciría, en virtud de la violación a un deber de cuidado, que debía y podía observar según las circunstancias y condiciones personales. Art 9 CPF

Delito doloso

El que, conociendo los elementos del tipo penal, o previendo como posible el resultado típico, quiere o acepta la realización del hecho descrito por la ley. Art 9 CPF

Delito Instantáneo

La consumación se realiza en un solo momento.

Delito flagrante

Aquel acto delictivo realizado y donde el autor es descubierto al momento del mismo.

Delito permanente o continuo

La consumación del delito se prolonga por tiempo.

Demanda

Solicitud por escrito que se realiza a la autoridad con el fin de que se le asista en la restitución o protección de un derecho.

Demandado

Aquel contra quien se presenta la demanda y quien presuntamente esta obligado con otro.

Demandante

Sujeto que presenta la demanda ante la autoridad exigiendo la protección de la misma frente a un hecho o acto que afecta sus intereses.

Democracia

Régimen político donde los ciudadanos son los principales responsables de la elección de sus representantes populares.

Deportación

A través de la cual se le obliga a un extranjero a abandonar el territorio donde ha llegado.

Dependencia

Situación en que el sujeto se encuentra en donde sus objetivos y resultados se supeditan la interacción con otro u otros. Puede ser positiva cuando esto produce bienestar por igual y negativa si se mantiene sólo para uno o algunos.

Depósito

Contrato por el cual el depositario se obliga hacia el depositante a recibir una cosa, mueble o inmueble que aquél le confía, y a guardarla para restituirla cuando la pida al depositante. Art 2516 CCF

Derecho a la educación

Obligación del estado para asegurar el ingreso y la permanencia de los seres humanos que interactúan dentro de su territorio a la educación básica y les permita alcanzar nuevos niveles. Este derecho resulta punto de partida para lograr otros, pues con mayor consciencia sobre sí mismo, el entorno y las necesidades de la sociedad se logra equilibrio en la población.

Derecho

Conjunto de normas jurídicas que guían el comportamiento humano, buscando siempre por el bien común y bienestar social.

Derecho a la vida

Derecho fundamental que protege la integridad de las personas y su libertad a realizarse en cualquier área de su existencia.

Derecho al trabajo

Derecho de toda persona para dedicarse a la profesión u oficio que mas le convenga, siempre que no sea contrario a lo establecido en nuestras leyes.

Derecho constitucional

Rama del derecho que se encarga de la creación y funcionamiento del estado, poderes y sus instituciones.

Derecho de autor

Aquel que protege a los creadores de obras, desde su creación y hasta la explotación de las mismas.

Derecho de petición

El que gozan las personas para solicitar cuentas a las instituciones y órganos del Estado sobre las actividades realizadas, mediante mecanismos dirigidos a ellos.

Derecho laboral

Conjunto de normas que regulan la actividad obrero-patronal, vigilando por los derechos de todos aquellos que se involucren en ella.

Derecho positivo

Normas jurídicas que tienen vigencia y validez en tiempo y espacio determinado.

Derechos humanos

Derechos que tienen las personas por el sólo hecho de serlo y que son protegidos en forma universal.

Derechos del niño

Legislación vigente de carácter internacional que busca la igualdad y protección integral de los niños y niñas.

Derecho fundamental

Norma que protege al ser humano y le dota de seguridad jurídica por razón de serlo, incluida principalmente en la Constitución.

Derogación

Eliminar una norma jurídica.

Desorden público

Unión de un grupo de personas que tienen como fin ejercer la fuerza para hacer cumplir un derecho que se cree vulnerado provocando la insubordinación a la ley.

Despido

Determinación unilateral de la obligación laboral nacida de un contrato.

Deudor

Aquel que se encuentra obligado frente a otro.

Destreza

Habilidad para realizar una actividad en específico.

Desobediencia civil

Acto de reacción colectiva ante la presentación de un hecho derivado de la autoridad y que busca la protección o reintegración de un derecho creído agraviado.

Día cierto

Aquél que necesariamente ha de llegar.

Dificultad social

Aquel hecho que se presenta y limita o no apoya al desarrollo del individuo.

Discapacidad

Es la limitante que tiene el sujeto, permanente o no, en su capacidad motriz o intelectual.

Disciplina

Comportamiento guiado por normas o reglas establecidas previamente y que tiene como objetivo generar un clima de orden.

Disciplina

Principios establecidos como un conjunto que hacen las veces de guía de comportamiento.

Discriminación

Percepción-Reconocimiento que deriva en un trato injusto (en ocasiones prejuzgado) de las personas referentes a edad, sexo, raza, orientación sexual, entre otras.

Discusión

Acción de hablar acerca de algo generalmente en forma ordenada e intercambiando ideas. Conversación detallada sobre un tema en particular.

Dispositivo jurídico

Texto en donde se recogen distintas normas jurídicas. Ej. Ley, Código, Reglamento.

Diversidad

Concepto que implica el reconocimiento de distintos elementos conjuntados en un sólo espacio.

División de poderes

Teoría que sugiere un orden equilibrado de los poderes del Estado (Ejecutivo, Legislativo, Judicial).

Divorcio

Disolución del vínculo matrimonial que permite a las personas contraer uno nuevo.

Domicilio

Es el lugar donde el sujeto vive y realiza sus actividades en forma cotidiana.

Domicilio legal

(Persona física) Es el lugar donde la ley le fija su residencia para el ejercicio de sus derechos y el cumplimiento de sus obligaciones, aunque de hecho no esté allí presente -Art. 30 CCF

Donación

Contrato por el que una persona transfiere a otra, gratuitamente, una parte o la totalidad de sus bienes presentes.

Donaciones antenupciales

Las donaciones que antes del matrimonio hace un esposo al otro, cualquiera que sea el nombre que la costumbre o también donaciones antenupciales las que un extraño hace alguno de los esposos, o a ambos, en consideración al matrimonio. -Art 219 y 220 CCF

E

Eclectisismo

Pretende integrar elementos de distintas fuentes para a partir de ellos crear una nueva idea sobre lo que se trate. Es el ejercicio de integrar para lograr nuevos resultados.

Ecofeminismo

Postura que busca integrar en un mismo movimiento la lucha por la liberación de la mujer y la protección del medio ambiente. Sus posturas no son relacionadas con todos los grupos feministas, hablando algunos defensores de la necesidad de separarlos para evitar pérdida de fuerza.

Ecolalia

La repetición sin sentido de una última palabra o frase generada por el emisor de un mensaje.

Edicto

Es el llamamiento que realiza la autoridad por medio de la tabla de avisos, diarios u otras herramientas de alcance colectivo, para solicitar la presencia de alguien cuyo domicilio es desconocido o que es persona incierta.

Educación pública

Tipo de educación formal que imparte el Estado en base a los principios constitucionales y derechos fundamentales del hombre, apoyando en una estructura administrativa que para tal efecto posee facultades y obligaciones.

Efecto devolutivo

se produce como consecuencia de la presentación de un recurso en que el litigio pasa al conocimiento de una autoridad superior.

Efecto suspensivo

Ocurre cuando por conocimiento de un asunto corresponde a una autoridad judicial, la sentencia debe detener su ejecución.

Efectividad

Resultado de ligar positivamente lo planeado con lo obtenido.

Egresado

Aquél sujeto que ha cumplido con los requisitos académicos establecidos en un programa, en forma positiva y de acuerdo a las normas temporales de la institución.

Ejecución

Cuando la sentencia debe tener ejercicio y llevarse a cabo.

Ejecutoria

Estado en que entra la sentencia o resolución en donde no se admite recurso sobre la misma. Cosa Juzgada.

Elección

Proceso de renovación del poder público a través del voto libre y secreto de los ciudadanos.

Embajador

Persona que guarda la representación de un Estado en otro. Es la máxima jerarquía.

Emigración

La partida voluntaria de persona (s) desde su lugar de residencia a otro país.

Emplazamiento

Citación que se hace a alguien que debe comparecer ante la autoridad a presenciar una diligencia.

Empleado

Aquel que se encuentra en subordinación respecto a otro para realizar labores establecidas en el contrato laboral.

Empleador

Sujeto que mantiene autoridad frente a otro para la realización de actividades a las que se obliga en el contrato de trabajo.

Empatía

Habilidad para comprender y compartir los sentimientos de otra persona.

Empoderamiento

Acción de entregar autoridad a un sujeto para que lo ejerza sobre otros.

Encubrimiento

Acto delictivo que ocurre al momento en que una persona limita el transcurso de un proceso al ocultar a otro que ha cometido un delito, las pruebas del mismo o que se lo facilita.

Endoso

Acto por el cual se transmiten los derechos derivados de un título de crédito.

Entorno

Espacios determinados para desarrollar el proceso de aprendizaje que buscan satisfacer las necesidades del individuo integrado a él. Además del centro educativo, se denomina así al grupo familiar, social, laboral y otros.

Enriquecimiento ilícito

Delito que resulta del aumento de bienes o dinero de un servidor público durante su gestión y que no ha sido justificado.

Enriquecimiento ilícito

Delito realizado por servidor público al no poder justificar el aumento de su patrimonio o la propiedad de los bienes que presente como propios.

Epítome

Elementos fundamentales de un tema que habrán de combinarse con otros para mejorar así la adquisición de conocimiento.

Equidad

Igualdad de derechos de las personas.

Equilibrio de poderes

Teoría que busca lograr la realización de actividades de los poderes ejecutivo, legislativo y judicial, de acuerdo a sus funciones y que sirve como forma de supervisión entre los mismos.

Equidad de género

Libre acceso de todas las personas a las mismas oportunidades y posibilidades, sin importar su sexo ni orientación sexual.

Erario

Tesoro del Estado.

Erga omnes

Sobre todo y contra todo.

Error

Falsa creencia de conocimiento o saber sobre algo.

Espíritu de la ley

Sentido que el legislador quiso implantar en una norma jurídica y al que se pretende llegar cuando existe duda o falta de claridad en el texto.

Esponsales

Promesa de matrimonio que se realiza antes del mismo. Se hace por escrito y manifestando la plena voluntad de las partes.

Estrategia

Plan diseñado en forma cuidadosa para lograr un objetivo.

Estado

Sistema social que se basa en el conjunto de población, territorio y gobierno.

Estado civil

Estatus que guarda una persona frente al poder público.

Etapas del proceso

Cada uno de los procedimientos que componen el desarrollo del proceso llevado a cabo ante la autoridad. Ej. Preliminar, Expositiva, Probatoria, Conclusiva, Impugnadora, Ejecución.

Evasión de presos

Delito que se realiza al beneficiar a personas privadas de su libertad, facilitando su salida del centro de reclusión, en forma ilícita.

Evicción

Cuando el que adquirió alguna cosa fuere privado del todo o parte de ella por sentencia que cause ejecutoria, en razón de algún derecho anterior a la adquisición. Art 2119 CCF

Exégesis

Teoría clásica que pugnaba por la atención exacta a la letra de la ley.

Excepción

Contraposición a lo expuesto en la demanda.

Expropiación

Eliminación de la propiedad para lograr desarrollar un bien común o la utilidad pública.

Extrajudicial

Todo acto que se desarrolla fuera de un proceso en tribunal.

Extranjero

Persona que no es natural de un territorio.

F

Factura

Documento que se expide para acreditar el acto de comercio.

Facultad

Atribución o posibilidad de un sujeto o autoridad que es de hacer, no hacer y que se encuentra fundamentada en la legislación.

Facultad de derecho

Organo universitario que se encarga de formar nuevos Licenciados en Derecho, para la práctica de la ciencia.

Fallar

Emitir un fallo.

Fallo

Resolución de un juez o autoridad. Sentencia.

Falsear

Delito de falsedad.

Falsificación

Alterar un documento u objeto para hacerlo pasar por verdadero.

Falso testimonio

Declaración que está cargada de mentira y que se desahoga dentro de un proceso.

Familia

Principal grupo social y del que se deriva la comunidad.

Fe

Crédito que se otorga a un hecho por medio de la persona a quien la autoridad le faculta para ello.

Fedatario

Quien da fe de un hecho o acto a nombre de la autoridad y que puede ser esta o no.

Federal

Se le llama así al sistema de gobierno en que el Estado se encuentra conformado por territorios menores y que avanzan en conjunto, gozando cada uno de independencia y soberanía pero dependientes entre sí.

Felón

Persona malvada o que actúa de mala fe.

Fe publica

Certeza que se da a un acto documento por la autoridad o a quien esta le conceda dicha facultad.

Fianza

Garantía que se otorga para el cumplimiento de una obligación.

Foja

Una hoja de papel que se utiliza en un proceso.

Fraude

Engaño que se realiza a otro aprovechando un error no visto.

Fraude electoral

Engaño que se realiza dentro de un proceso de renovación de poderes.

Fuentes del derecho

Aquellos lugares en donde nacen las normas jurídicas que forman nuestro derecho positivo. Ej. Ley, Jurisprudencia, Costumbre, Etc.

Fuero

Garantía que poseen ciertas personas por desempeñar un cargo publico y que impide les sean juzgados como todos los demás ciudadanos.

Fuerza

Violencia utilizada con el fin de obtener algo.

Fuerza publica

Uso de la violencia o el poder por parte de la autoridad para obligar a alguien al cumplimento de una orden.

Fuga

Huida de un lugar antes del tiempo determinado.

G

Gabinete

Conjunto de secretarios que apoyan al Poder Ejecutivo en la administración pública, de acuerdo a su área de actividad.

Gasto publico

Aquel que realiza el Estado para el cumplimiento de sus fines y que traen un sentir de bienestar y orden en la sociedad.

Gestión de negocios

A través de esta, una persona se encarga de llevar las acciones que correspondan a otro, previo poder otorgado.

Globalización

Extensión universal de comportamientos económicos que predominaban en territorios específicos; así como la posibilidad de alcance a la información y oportunidades a escala mundial.

Gobernador

Poder Ejecutivo a nivel local y principal sujeto dentro de la administración pública.

Gobierno

Conjunto de órganos e instituciones que apoyan al Estado en el logro de sus fines.

Grado

Distancias que existen en el parentesco.

Gratuito

Que no tiene costo.

Gremio

Conjunto de individuos que se dedican a un mismo oficio y que se unen para proteger intereses comunes.

H

Habitación

Da, a quien tiene este derecho, la facultad de ocupar gratuitamente, en casa ajena. las piezas necesarias para sí y para las personas de su familia. Art1050 CCF

Habitante

La persona que tiene su domicilio permanente en un territorio.

Habitualidad

En el derecho penal, implica una conducta reiterada de comisión delictiva.

Hecho futuro

El que esta por desarrollarse y es incierto.

Hecho Jurídico

Conducta que produce consecuencias de derecho, cuyo realizador no tiene la intención de provocarlas.

Heredero

Persona quien tiene derecho en un juicio sucesorio.

Herencia

Es la sucesión de los bienes del difunto y todos sus derechos y obligaciones que no se extinguen por la muerte.

Horario de trabajo

Tiempo en que un sujeto cumple las actividades a las que se obliga en el contrato laboral.

Horas extras

Prolongación de tiempo de las actividades laborales prestadas a un patrón.

Horas hábiles

Espacio de tiempo que se ocupa a la realización de ciertas actividades.

Huelga

Suspensión colectiva de las actividades laborales por parte de los trabajadores, previo reunión de requisitos establecidos en la ley laboral y con registro ante la autoridad que corresponde.

I

Impedimento

limitante legal para actuar que pertenece a un funcionario o persona.

Impuesto

Pago que realiza el contribuyente al Estado de acuerdo a la naturaleza del acto o solicitud a realizar y que está destinado al mejoramiento del entorno.

Incesto

Delito que deriva de la acción carnal entre dos personas con parentesco en línea ascendente o descendente.

Indicio

Hecho u objeto que hace creer la culpabilidad de un sujeto en la comisión de un delito o acto contrario a la ley.

Inclusión

Pretende la aceptación de individuos con características comunes o no, a los grupos para facilitar la integración.

Instituciones

Grupos derivados de la administración pública que tienen a su encargo actividades relacionadas con un tema en particular bajo la línea de comportamiento que implica el derecho fundamental que se busca cubrir.

Interpretación del derecho

Ejercicio para determinar qué es lo que la norma jurídica protege y exige o cuál es el sentido que le quiso imprimir el legislador al crearla.

Ignorancia

Falta de conocimiento sobre un asunto.

Igualdad

Tratamiento imparcial de los individuos. Valor humano que pretende lograr la comprensión sobre la diversidad de culturas, ideas, tradiciones, etc.

Igualdad

Principio que reza por el sano equilibrio de los seres humanos sin dependencia a sus contextos familiares, sociales o características en particular, dotando a cada individuo del derecho de aceptación en sociedad por el hecho de serlo.

Igualdad

Principio que indica la misma posición ante el derecho para todas las personas, sin importar sus características personales.

Ilícito

Algo que no está permitido.

Imparcial

Valor que implica la falta de inclinación favorable o en perjuicio de alguien.

Impedimento matrimonial

Todos los hechos o situaciones que impiden a las personas contraer un vínculo matrimonial y que están determinadas en la ley.

Interpretación

Acción de explicar el significado de algo desde el punto de vista personal. La interpretación se deriva del análisis y está guiada por diferentes factores que envuelven al individuo.

Investigación

Proceso que se realiza con el fin de obtener conocimiento. Está compuesto por distintas etapas.

J

Jerarquización

Implica el agrupamiento y acomodo de algo para hacer notar la relevancia en sus características, frente a otras.

Jefe

Aquel que guarda el poder para ejercerlo sobre otros.

Jornada laboral

Ver horario de trabajo.

Juez

Autoridad capacitada y competente para solucionar conflictos jurídicos mediante una sentencia generada en base a un proceso.

Juicio

Opinión individual. Creencia o conclusión sobre algo o alguien. Proceso dedicado a la restauración de un derecho violentado o la restitución de otro.

Justicia

Dotar lo que a cada uno de lo que le corresponde.

Jurisdicción

Facultad con que goza la autoridad para desarrollar sus actividades.

L

Laicismo

La no pertenencia a ningún sistema o grupo religioso.

Lanzamiento

Acción que se ejecuta para realizar la desocupación de un bien inmueble. De ser necesario puede hacerse uso de la fuerza pública.

Lato Sensu

En sentido amplio.

Legado

Se compone de los bienes transmitidos a otro por medio del testamento.

Legal

Que está dentro de la ley. Atiende a lo establecido por la norma jurídica.

Legalidad

Sentido de respeto y atención al orden jurídico establecido. Principio al que responden los subordinados a la ley.

Legalista

Adjetivo para referirse a un sujeto que pretende hacer uso de la ley sin considerar otros elementos que puedan intervenir, como lo son la justicia o la equidad.

Legalización

Manifestación expresa del legislador que se materializa en la integración de una norma jurídica a algún dispositivo para permitir algo que antes no se podía realizar.

Legislador

Quien forma parte del poder legislativo y que tiene como principal función la creación, modificación o derogación de leyes. En México, son legisladores los Diputados y Senadores que se encuentran en sus respectivas cámaras y que conforman el Congreso de la Unión, a nivel Federal. Dentro de los estados de la República, son los Diputados Locales.

Legítima defensa

Excusa que pretende establecer un estado en defensa ante un hecho que puede ser perjudicial y que el mismo, al intentar repelerla, provoca un acto considerado como contrario a la ley o que atenta contra otro sujeto en su persona o bienes..

Lenocinio

Comete el delito quien induzca a otro a realizar actos sexuales o eróticos con fines de lucro a beneficio propio.

Leonino

Se refiere al momento en que las circunstancias son en beneficio de sólo una parte.

Libertad

Capacidad del hombre para actuar por sí mismo de manera libre, atendiendo a valor de respeto y tolerancia respecto a las personas. La libertad se encuentra limitada en espacios y circunstancias adecuadas al tiempo y lugar.

Libertad de asociación

Garantía con que gozan las personas para reunirse en grupos formulando un objetivo común y planes para realizarlo. En asuntos de índole política, este derecho sólo le corresponde a los ciudadanos y no a los extranjeros.

Librería

Espacio de carácter comercial cuya naturaleza es la venta y compra de libros. Se diferencia de la biblioteca porque en ésta el acto de comercio no es el objetivo.

Licitud de objeto

Aquella que se refiere a la relación entre objeto y legalidad.

Línea ascendente

Filiación que se refiere a los padres, abuelos, hijos, nietos, y hacia ambos lados sin limitación.

Línea colateral

Filiación que se da con un punto de partida común pero que no descienden o ascienden. Pueden ser hermanos, primos, tíos, etc.

Litigio

El conflicto cuando es atendido por una autoridad jurisdiccional.

Litigioso

Todo objeto de juicio. Lo que se pretende.

Litisconsorcio

Conjunto de sujetos que forman parte del mismo juicio y que son demandantes en conjunto.

Litisconsorte

Cada una de las partes del litisconsorcio.

Ley Federal

Dispositivo jurídico cuyos ámbitos de validez para el cumplimiento de sus normas son el territorio nacional y sobre todos los humanos que se mantengan en él.

Ley general de la educación

Dispositivo jurídico que contiene las normas de organización, administración e impartición de la educación en México.

Ley Local

Legislación cuya jurisdicción corresponde al estado federado en que haya sido expedida.

Lucro

La ganancia o intención de esta en alguna actividad.

M

Malentendido

Comprensión contraria a lo declarado y que produce consecuencias adversas a lo que se requiere.

Mancomunidad

Existe cuando hay pluralidad de deudores o de acreedores, tratándose de una misma obligación.

Mandato

Contrato por el que el mandatario se obliga a ejecutar por cuenta del mandante los actos jurídicos que éste le encarga.

Marginación

Exclusión de una o varias personas por la creencia de que ser inferiores al sujeto que la produce.

Mediación

Método alterno donde un tercero facilita la comunicación entre las partes sin que pueda intervenir más allá de eso.

Medio de comunicación

Cualquier herramienta o instrumento que permite la entrega de datos e información entre personas.

Método Alterno

Mecanismo de solución de conflictos que lo pretende como una forma eficaz y simple sin la necesidad de acudir a un órgano jurisdiccional. Las partes manifiestan su voluntad para someterse al mismo.

Motu proprio

Por sí mismo.

Municipio

En la estructura del Estado Mexicano, es la parte de la administración pública de poder de menor grado y de vinculación directa con los habitantes. Es libre en su administración pero forma parte del estado federado.

Multa

Pago de una cantidad de dinero al Estado, en razón del incumplimiento de una norma jurídica.

Mutuo

Es un contrato por el cual el mutuante se obliga a transferir la propiedad de una suma de dinero o de otras cosas fungibles al mutuario, quien se obliga a devolver otro tanto de la misma especie y calidad. Art 2384 CCF

N

Nación

Grupo humano que se sienten parte de una misma comunidad por distintos motivos que pueden ser una lengua, religión, tradición o historia común.

Narcisismo

Preocupación y ocupación exagerada del sujeto por él mismo.

Necesidad

El hecho de considerarse requerido y/o indispensable.

Norma jurídica

Regla de comportamiento que puede ser de hacer o no hacer y cuyo incumplimiento tiene consecuencias frente al estado.

Norma moral

Norma de comportamiento nacida de las costumbres y hábitos de la sociedad en determinado tiempo y aunque no tiene consecuencia jurídica su inobservancia, el no acatarla conlleva a cierta separación por parte de los miembros de la sociedad que rodean al infractor.

Novación de contrato

Cuando las partes en él interesadas lo alteran substancialmente substituyendo una obligación nueva a la antigua. Art 2213 CCF

O

Obligación

Vinculo que une a dos o más personas con la facultad de uno (acreedor) de solicitar a otro (deudor) lo que le corresponde.

Obligación a plazo

En la que se ha señalada un día fijo para su cumplimiento.

Obligación condicional

Cuando su existencia o su resolución dependen de un acontecimiento futuro e incierto.

Condición suspensiva

Cuando de su cumplimiento depende la existencia de la obligación.

Condición resolutoria

Cuando cumplida resuelve la obligación, volviendo las cosas al estado que tenían como si esa obligación no hubiere existido.

Observación

Acción de ver con sumo cuidado con el fin de obtener información sobre el objeto, persona o evento.

Obstrucción de la vía pública

Se comete el delito cuando se limita el derecho de libre tránsito, bloqueando u obstruyendo las vías de comunicación.

Ontogénesis

Son todos aquellos procesos de cambio en los individuos que se desarrollan desde la infancia y hasta la edad adulta.

ONU

Organización de las Naciones Unidas. Organo denominado de Gobierno mundial cuyo objetivo base es el equilibrio entre los países parte y aspectos relacionados con ellos como la paz, el orden, seguridad, etc. Es fundada el 24 de octubre de 1945.

Opinión

Punto de vista o juicio formado sobre una cosa, hecho o persona basada en la interpretación de quien la presenta como propia.

Orden jurídico

Puede ser visto como todos los dispositivos jurídicos de un Estado y también es entendido cuando la población se somete a la norma jurídica y existe un ambiente de bienestar.

P

Pago o cumplimiento

Entrega de la cosa o cantidad debida, o la prestación del servicio que se hubiere prometido.

Paradigma

Contiene una creencia teórica asimilada en un espacio temporal definido. Es también un conjunto de teorías que predominan en época y espacio determinado y dirigen la acción de los individuos.

Parentesco consanguíneo

El que se da entre personas que nacen de un mismo progenitor.

Parentesco de afinidad

El que resulta al contraer matrimonio con los parientes del hombre o la mujer.

Pasante

Aquel que ha cumplido con un porcentaje igual al que marca la norma universitaria de su programa de estudios.

Patrimonio cultural

Son aquellos elementos de un grupo social con los que se siente identificado y que se transmiten a través de las generaciones.

Patrimonio natural

Todos los monumentos de origen natural que existen dentro de un territorio y que son protegidos por las instituciones encargadas del mismo.

Paz

Estado que se busca a través del encuentro de bienestar y sentido de seguridad en sus sentidos personal y colectivo.

Peculado

Delito que comete un servidor público al hacer uso de recursos, fondos, bienes, servicios o herramientas e infraestructura que pertenecen al Estado, para obtener un beneficio personal.

Permuta

Contrato por el cual cada uno de los contratantes se obliga a dar una cosa por otra.

Perspectiva

Punto de vista o idea que se tiene sobre algo de acuerdo a la posición de quien observa. Influyen factores personales y sociales para determinarla.

Peso de la prueba

Obligación de demostrar lo que se afirma.

Pluricultural

Que contiene tres o más culturas que se relacionan entre sí.

Poder Ejecutivo

Encargado de la administración del Estado, le corresponde al Presidente.

Poder Judicial

Poder encargado de la impartición de justicia.

Poder Legislativo

Es el poder encargado de la creación de las leyes. A nivel Federal recae en el Congreso de la Unión que lo componen la Cámara de Diputados y la de Senadores, mientras que en el nivel Local en el Congreso del estado. Sus miembros son representantes de la sociedad elegidos democráticamente.

Pornografía

La realización, a través de cualquier medio audiovisual, de actos sexuales o eróticos que provoquen la líbido de quienes los reproduzcan.

Pornografía infantil

Se deriva de la realización de actos pornográficos con menores de edad.

Posesión continua

La que no ha sido interrumpida por alguna de las razones que la ley marca.

Poseedor de una cosa

El que ejerce sobre ella un poder de hecho. Art 790 CCF

Posesión pública

Es la que se disfruta de manera que pueda ser conocida de todos. También lo es la que está inscrita en el Registro de la Propiedad. Art 825 CCF

Potencial

Aptitudes del individuo por desarrollar.

Prácticas sociales

Actividades propias de un territorio que el conjunto de habitantes que lo ocupan llevan a cabo con o sin menosprecio de la mayoría.

Prejuicios

Formación de una creencia anticipada sobre algo o alguien sin información completa o adecuada.

Prescripción

Es un medio de adquirir bienes o de librarse de obligaciones, mediante el transcurso de cierto tiempo.

Prevención

Medidas que se toman y enumeran para evitar acontecimientos imprevistos o determinados que pudieran resultar negativos o perjudiciales al proceso de Enseñanza-Aprendizaje.

Prisión

Privación de la libertad corporal.

Problema

Situación imprevista que requiere de solución.

Proceso

Serie de acciones o pasos tomados en orden dirigidos a un fin concreto.

Producto

Objeto generado como resultado de un proceso natural, químico o industrial. en educación, aquel que se logra de un buen proceso de enseñanza-aprendizaje.

Promesa

Contrato por el cual las partes se obligan a celebrar otro a futuro.

Q

Queja

Llamamiento de atención a la autoridad adecuada sobre un hecho que a la vista del quejoso es inadecuado y contrario a lo establecido o que siendo correcto no cumple con las formas debidas.

Quid pro quo

Algo por algo.

Quórum

Existencia de una mayoría dentro de un grupo. Se le requiere en los momentos de tomar decisiones que afectan a todos. Es natural en los sistemas democráticos y grupos colegiados.

R

Racismo

Actitud de rechazo hacia personas con costumbres, hábitos y características personales o culturales distintas a la propia.

Rebelión

Movimiento en búsqueda de cambio con matiz violento. El que pretende impedir la renovación de los poderes públicos.

Referencia

Vinculación entre lo mostrado y la fuente de donde se obtuvo el o los elementos que la integran.

Reflexión

Proceso de análisis que permite conocer al sujeto o grupo de sujetos lo sucedido y que funge como punto de partida en las decisiones.

Registro civil

Institución que tiene a su encargo la inscripción y autenticación del estado civil de las personas, como lo son el nacimiento, muerte, matrimonio, etc.

Reglamento

Conjunto de reglas o principios establecidos dentro de un espacio determinado con el fin de conducir la actividad humana en orden.

Rehabilitación

Reintegrar al condenado en los derechos civiles, políticos o de familia que había perdido en virtud de sentencia dictada en un proceso o en cuyo ejercicio estuviere suspenso. Art 99 CPF

Reincidencia

Acción de ejecutar un hecho por más de una ocasión. En su sentido negativo conlleva una sanción, previo aviso.

Renta vitalicia

Contrato aleatorio por el cual el deudor se obliga a pagar periódicamente una pensión durante la vida de una o más personas determinadas, mediante la entrega de una cantidad de dinero o de una cosa mueble. Art 2774 CCF

Resistencia al cambio

Situación que se produce contra la intención de modificar comportamientos o espacios a integrarse y que limita la interacción de los sujetos con estos.

Residencia

Es el lugar en donde una persona vive en forma temporal y que no es necesariamente su domicilio.

Retroalimentación

Proceso que permite obtener observaciones y comentarios sobre un asunto y que llevarán al individuo a mejorar su actuación.

Revolución

Movimiento que pretende generar cambios de fondo y estructura externa.

Robo

Tomar de un objeto del que no se tiene la propiedad sin permiso de quien sí.

Rol

Conjunto de actividades que se otorgan a un sujeto, basadas en un puesto o posición en alguno de sus contextos. Lo adecuado es equilibrar la capacidad de acción con la naturaleza del trabajo a realizar.

S

Sabotaje

Se presenta cuando un grupo de individuos realizan actos de violencia y desorden para trastocar la vida económica del Estado, generando daños en vías de comunicación, instituciones o estructuras de este.

Salario

Pago que se hace al trabajador por sus servicios prestados.

Salario mínimo

Es el pago que se establece en la ley que puede ser la cantidad más baja que debe otorgarse.

Sanción

Hecho que se obliga a un sujeto que ha contravenido la norma jurídica mediante una acción.

Sanción pecuniaria

En esta el sujeto objeto de sanción debe cumplir con multa o reparación del daño.

Satisfacción

El pago de una deuda o realización de una obligación impuesta.

Secretario

Empleado de juzgado que da fe a los actos producidos dentro de un proceso judicial y que asegura su autenticidad.

Secesión

Ocurre al momento en que un territorio se separa del Estado del que forma parte.

Secuestro

Como delito, es la privación ilegal de una persona, contra su voluntad por algún otro.

Secuestro

Toma de una cosa que esta en litigio por un tercero, mientras se decide quien tiene el derecho sobre la misma.

Secuestro convencional

Se verifica cuando los litigantes depositan la cosa litigiosa en poder de un tercero que se obliga a entregarla, concluido el pleito, al que conforme a la sentencia tenga derecho a ella. Art 2541 CCF

Secuestro Judicial

Se constituye por el mandato de la autoridad judicial.

Sedición

Acto derivado de un grupo de personas que realizan actos para no permitir que una autoridad ejecute lo que le corresponde.

Seguridad

Manifestación del sentir de bienestar.

Selección

Ejercicio de análisis de varios objetos para entre estos elegir lo conveniente.

Semilibertad

Es la internación no continua. El recluso estará ciertos días u horas en el centro y otros fuera del mismo.

Sentencia

Resolución sobre algún asunto de una autoridad facultada para ello.

Sentenciado

Persona a quien la autoridad le atribuye la realización de un hecho y quien debe cumplir con la obligación que lance de esta.

Servidor público

Ciudadano que forma parte de un órgano derivado de la administración pública.

Servidumbre

Es un gravamen real impuesto sobre un inmueble en beneficio de otro perteneciente a distinto dueño. Art 1057 CCF

Sindicato

Asociación de trabajadores que tiene como naturaleza el cuidado y atención al contrato colectivo de trabajo con el fin de proteger a los empleados.

Símbolo

Una cosa (objeto, imagen, marca, etc.) representativa.

Simulación absoluta

Cuando el acto simulado nada tiene de real; es relativa cuando a un acto jurídico se le da una falsa apariencia que oculta su verdadero carácter. Art 2181 CCF

Sinalagmatico

Tipo de contrato en que ambas partes se obligan. Recíproco.

Síntesis

El reacomodo de elementos constitutivos para generar un producto nuevo pero sin perder la esencia del original.

Sistema

Conjunto de reglas que enmarcan la actividad a realizar y que están sujetas a un director único que funge como integrador.

Sinergía

Unión de fuerzas para lograr metas en común. La unificación de esfuerzos con el fin de obtener un resultado común satisfactoria y que proteja los intereses colectivos.

Soberanía

Elemento natural de la nación. Consecuencia de la creación de un Estado y consiste en la libertad de este para actuar en su ámbito interno, tanto en organización como en decisiones.

Sobreseimiento

Cancelación de la acción intentada.

Sociedad

Conjunto de personas que se interrelacionan en un espacio geográfico determinado y guardan objetivos comunes.

Sociedad

Se le llama al conjunto de individuos que interactúan dentro de un espacio geográfico determinado, guiado por el poder público.

Sociedad del conocimiento

Se le denomina al estado que guarda un grupo de individuos con acceso a la información y datos y que de manera libre y consciente la analizan, alcanzando así un alto potencial en su desarrollo.

Solidaridad Social

Actitud de apoyo y ayuda entre las personas dentro de una misma comunidad.

Sospechoso

El sujeto a quien se le considera parte de un hecho ilícito.

Subpoena

Voz latina que significa la cita que hace un tribunal a la persona para que asista a una audiencia.

Subrogación de la ley

Acto legislativo en donde una norma jurídica es cambiada por otra.

Sufragio

Materialización del voto. Es el momento en que se deposita la boleta en una urna.

Sufragio directo

Forma de votación en que el ciudadano elige en forma directa a sus representantes y no por medio de delegados o comisionados.

Sujeto activo

Quien comete un delito. Es quien realiza una acción contraria a la ley.

Sujeto pasivo

Todo aquel que resulta perjudicado en la comisión de un acto considerado por la ley como delictivo.

Sujeto pasivo de la conducta

Aquel que resiente el daño de una acto realizado. Al que resulta violentado.

Sujeto pasivo del delito

Al que se le ha dañado un derecho del que es propietario.

Sujetos de derecho

Personas físicas o morales que tienen la capacidad reconocida por la autoridad para adquirir derechos y obligaciones.

T

Taboo

Conductas (negativas), que se prohiben en cierta época y lugar por ser de naturaleza contraria a las reglas morales o positivas.

Tecnocracia

Sistema político en donde los principales puestos dentro de las áreas que le corresponden a la función del Estado, están conformadas por especialistas en el tema.

Tentativa de delito

La consciencia sobre el inicio de una acción integrada en el ordenamiento como contrario a la norma jurídica que no llega a consumarse por circunstancias ajenas a la del autor.

Tentativa

Es el conocimiento previo a la ejecución de un acto, sobre la realización del mismo.

Tentativa punible

Cuando la resolución de cometer un delito se exterioriza realizando en parte o totalmente los actos ejecutivos que deberían producir el resultado, u omitiendo los que deberían evitarlo, si aquél no se consuma por causas ajenas a la voluntad del agente. Art 12 CPF

Teoría

Conjunción de ideas pertenecientes a un área concreta y que tienen implícitas hipótesis.

Tercer mundo

Adjetivo que se usa para referirse a los Estados cuyo nivel de desarrollo se encuentra ubicado en condiciones desfavorables por falta de capital para invertir e industria.

Tercero

Todo aquel que no se encuentra dentro de un proceso como parte, pero que puede tener intervenciones.

Término

Tiempo con que las partes cuentan para llevar a cabo alguna actividad.

Término

Es el espacio temporal libre para realizar alguna actividad o acto en un proceso.

Término convencional

Las partes lo determinan.

Término Judicial

Es el plazo definido por el juez.

Término Legal

Tiempo que determina la ley.

Terminología

Lista de palabras y frases que pertenecen a una misma ciencia o área de estudio.

Territorio

Espacio geográfico delimitado que pertenece a un Estado.

Terrorismo

Actos de afectación física o patrimonial que se realiza con el fin de producir un clima de incertidumbre o pánico en la población.

Tesoro

El depósito oculto de dinero, alhajas u otros objetos preciosos cuya legítima procedencia se ignore. Nunca un tesoro se considera como fruto de una finca. Art 875 CCF

Testamento

Documento personal en donde un sujeto plasma su última voluntad respecto a los bienes y derechos que les correspondan.

Testamento público abierto

El que se entrega ante Notario Público.

El testamento público cerrado

El que hace una persona por sí misma o que le pide a alguien más.

Testamento militar

Si el militar o el asimilado del Ejército hace su disposición en el momento de entrar en acción de guerra, o estando herido sobre el campo de batalla, bastará que declare su voluntad ante dos testigos, o que entregue a los mismos el pliego cerrado que contenga su última disposición, firmada de su puño y letra. Art 1579 CCF

Testamento ológrafo

Es la manifestación del testador que realiza a puño y letra.

Testigo

Persona que declara dentro de un proceso sobre hechos o actos de los que tiene conocimiento. Su posición es como tercero.

Tipicidad

Relación entre un hecho y un texto jurídico que lo describe como delito.

Tipo penal

Descripción de la conducta sancionada (Delito).

Título de crédito

Documento expedido que contiene un derecho y que se encuentra en circulación.

Título a la orden

Título de crédito que se da con el nombre de quien tiene el derecho para hacerlo válido (adquirente).

Título Profesional

Documento que expide una institución de nivel superior acreditando al sujeto para realizar las actividades profesionales que se indican, una vez que ha cumplido con los requisitos académicos establecidos.

Tolerancia

Valor que implica la aceptación del otro, sus costumbres, ideas, principios y actitudes, sin que sea justificado el mal proceder a causa de estas. Se da en la consciencia de la pertenencia a un grupo social multicultural.

Tortura

Acto continuo inhumano de dolor físico, moral o psicológico del que derivan lesiones o daños irreversibles, incluso la muerte.

Trabajador

Persona física que pone a disposición de otra de la misma naturaleza o jurídica (moral), sus capacidades físicas o intelectuales para realizar algún trabajo o actividad a cambio de una remuneración.

Trabajo en favor de la comunidad

Consiste en la prestación de servicios no remunerados, en instituciones públicas educativas o de asistencia social o en instituciones privadas asistenciales. Este trabajo se llevará a cabo en jornadas dentro de períodos distintos al horario de las labores que representen la fuente de ingreso para la subsistencia del sujeto y de su familia, sin que pueda exceder de la jornada extraordinaria que determine la ley laboral y bajo la orientación y vigilancia de la autoridad ejecutora. Art 27 CPF

Tradición

Actividad o acción constante llevada a cabo por un grupo social determinado y que llega a ser de uso común durante una época.

Traición a la patria

Acto de tomar las armas para combatir al Gobierno en turno o al propio Estado, o dar ayuda en cualquier forma a quien realice esa actividad.

Transformación social

Todo aquel cambio que sufre en sentido positivo o negativo la ciudadanía en conjunto creando nuevos sistemas de organización y respuesta a las necesidades en común, así como de las formas para resolverlas.

Traslado

Solicitud para cambiar de tribunal el asunto en litigio, por razones de competencia.

Tratamiento en libertad de imputables

Consiste en la aplicación de las medidas laborales, educativas y curativas, en su caso, autorizadas por la ley y conducentes a la readaptación social del sentenciado, bajo la orientación y cuidado de la autoridad ejecutora. Su duración no podrá exceder de la correspondiente a la pena de prisión sustituida. Art 27 CPF

Tributo

Obligación que tienen las personas que habitan en cierto territorio y que se motiva en la necesidad de aportar al Estado cantidades que habrán de encaminarse a la realización de actos que busquen asegurar el cumplimiento de los fines del mismo. Ej. Impuesto, Licencia, Etc.

Tribunal

Organo del estado cuya función es el de resolver situaciones de conflicto basándose en su competencia territorial, de cuantía, grado o personal.

Tribunal de primer instancia

Aquel en que los ciudadanos se presentan en primer momento para la resolución de conflictos.

Tutela

Responsabilidad que tiene un adulto sobre algún menor de edad o persona privada de sus facultades mentales y que se obtiene por el factor sanguíneo o legal.

Tutela dativa

La que corresponde al juez determinar. Se presenta el caso cuando los padres no hubieren designado al tutor o no existan personas (parientes) que pudieran ejercer como tal.

Tutela legítima

La que se deriva de la relación de consanguinidad, de acuerdo a las preferencias establecidas por la ley.

Tutela testamentaria

Nace a partir del testamento que realiza el padre o madre.

U

Ubi culpa non est; Non debetesse poena

Donde no hay culpa, no cabe pena.

Ubi verba non sum ambigua non est locus interpretationis

Donde las palabras no son ambiguas, no hay lugar para la interpretación.

Ubi non est lex nec praevaricatio

Donde no hay ley, no hay delincuencia.

Ultima voluntad

Expresión voluntaria que se plasma en el testamento.

UNICEF

Como organismo que se extiende de la ONU, pretende la vigilancia y el cumplimiento de los derechos de los niños, adolescentes y mujeres alrededor del mundo. En México inicia en el año 1954 el 20 de mayo.

Unión

Enlace que se da entre dos o más para la consecución de un fin común. puede integrar ideas, acciones, creencias, etc.

Universidad

Entidad encargada de la enseñanza superior y fuente principal de investigación.

Ultima ratio

Ultima razón.

Uso

Da derecho para percibir de los frutos de una cosa ajena, los que basten a las necesidades del usuario y su familia, aunque ésta aumente. Art 1049 CCF

Uso de la fuerza pública

Facultad o poder con que se goza para obligar a alguien a realizar una acción que se indicó por una autoridad y de la que reniega.

Usufructo

El derecho de disfrutar en forma temporal o vitalicia un bien del que no tiene la propiedad, para devolverlo a su dueño conforme a lo que establezcan.

Usura

El cobro de intereses, nacidos de un préstamos, superiores a los que debieran hacerse y que son evidentemente exagerados.

Usufructo

Derecho de disfrutar un bien no propio o lo que deriva, sin alterar su esencia o funciones.

Usufructuario

Quien goza del usufructo.

Utilidad pública

Es la adquisición que haga el Gobierno de terrenos apropiados, a fin de venderlos para la constitución del patrimonio de la familia o para que se construyan casas habitaciones que se alquilen a las familias pobres, mediante el pago de una renta módica. Art 832 CCF

V

Vacación

Prestación que recibe un trabajador por prestar sus servicios al patrón durante un año por completo. Se tiene la obligación en la mayoría de los países de pagar el salario cuando estas ocurren.

Vacante

Espacio o actividad dentro del centro de trabajo que no ha sido ocupada y que requiere atención para no trastocar la producción.

Vacatio legis

Tiempo que transcurre entre la publicación en el lugar común de una nueva ley y el momento en que entra en vigor.

Validez

Elemento de un acto jurídico en donde se determina que sí habrá de producir los efectos jurídicos para los que se crea, al cumplir con los requisitos establecidos.

Validez oficial

A través de este acto, una autoridad emite un documento para reconocer un hecho o acto realizado por alguno de sus órganos, las instituciones o personas.

Valores

Conjunto de principios, creencias o reglas de comportamiento que imperan en un espacio geográfico y temporal determinados.

Valor de la prueba

Nivel de eficacia de una prueba entregada a la autoridad.

Valuación

Ejercicio para darle un valor al objeto en cuestión.

Veda

Prohibición temporal para realizar algo, por parte de la autoridad.

Vejar

Molestia, daño, maltrato.

Vencimiento

Se produce al paso del tiempo en que no se intenta o ejercita algo que podría hacerse.

Venia

Autorización para hacer algo.

Venta

Un sujeto entrega una cosa a otro a cambio de un pago.

Venta a crédito

Una persona hace la venta y la extinción de la obligación es a través de pagos diferidos, de acuerdo a lo acordado en el contrato.

Vestigio

Huella o dato que permite creer que algo fue realizado.

Vicio

Conducta negativa que produce efectos de desagrado o malestar en las personas.

Víctima

Persona que sufre un hecho que atenta contra su integridad o la de sus cercanos.

Vigilancia

Acto de revisión, supervisión y control que realiza la autoridad.

Violación

La no subordinación a una norma jurídica. Acto de una persona quien obliga a otra a realizar actos sexuales sin el consentimiento de esta última.

Violación de correspondencia

La apertura indebida y sin autorización del titular, de medios de comunicación como correo postal o electrónico.

Violencia escolar

Actitudes y comportamientos contrarios a lo establecido por las normas de relación colectiva e individual y que genera desorden dentro del centro educativo. Puede ser física, verbal, psicológica, sexual, entre otros tipos.

Violencia intrafamiliar

Actos de daño, perjuicio, molestia u otros que atentan contra las personas física, moral o psicológicamente, dentro de la familia.

Vocación

Acercamiento del individuo a una ciencia o arte para desarrollarla en concreto y para la cual se prepara con el fin de desarrollarla en su mejor medida.

Voluntad

Libre manifestación del deseo para la realización de un acto jurídico.

Voluntariado

Grupo de apoyo en actividades realizadas que permite cumplir con sus funciones, cuya naturaleza posee la plena libertad de elección para participar.

Voto

Derecho ciudadano para la toma de decisiones. Se utiliza bajo un proceso establecido para la autoridad electoral, donde los sujetos acuden a las casillas electorales a depositar su voluntad en una urna y de la cual se derivará el sentido de la representación social.

Voto particular

Aquel que realiza un sujeto contra lo que la mayoría decide, en un colegio.

Voto razonado

Es el voto particular, cuando se expresan las causas que lo llevan a el mismo.

Vulnerable

Objeto o persona que puede ser dañada fácil, en cualquiera de las formas que representa.

Xenófilo

Quien procura el bienestar de los extranjeros por sobre todo.

Xenografía

Estudio de los símbolos de escritura utilizados en distintas culturas del mundo.

Yerno

El esposo de la hija.

Yerro

Falta de atención a la norma, en forma involuntaria que causa consecuencias.

Yo ideal

La búsqueda de sí mismo sobre lo que se desea ser.

Yo real

El hombre en su naturaleza y actividades presentes.

Yusion

Orden.

Z

Zafarrancho

Riña en grupo.

Zaino

Persona falsa o traidora.

Zanjar

Eliminar limitantes o asperezas que se presentan dentro de una búsqueda de soluciones al conflicto.

Zona de confort

Sentir de suficiencia y agrado con respecto a nuestros contextos y ambientes presentes. provoca que el individuo evite la búsqueda de nuevos caminos o panoramas.

Zona de guerra

Espacio geográfico a la que le corresponde el uso del poder y la administración a las fuerzas castrenses, de acuerdo al estado en que se encuentre en relación a orden y Estado de Derecho.

Zona de influencia

Espacio físico o territorio en donde la autoridad puede ejercer su poder y en el cual los habitantes se encuentran subordinados a él.

Zona de influencia

Espacio en que se encuentran distintos países que se encuentran sometidos a la voluntad -abierta o no- de uno más, controlando aspectos de su vida nacional.

Zoofilia

Desviación sexual que pretende, por la excitación, la conexión íntima con animales.

Zoofobia

Miedo a los animales.

Breve línea del tiempo del Derecho

Año	México	Mundo
1500 AC		Se acentúa el desarrollo de las religiones.
556 AC		San Isidro diferencía entre el Derecho de Gentes y el Natural.
272 AC		Edictos de Ashoka: Su política estuvo caracterizada por los ideales de no violencia, tolerancia religiosa, y respeto por los padres, maestros y mayores.
27 AC		Imperio Romano: e desarrolla la ley natural, los derechos de los ciudadanos.
556		San Isidro diferencía entre el Derecho de Gentes y el Natural.
622		Constitución de Medina: Todos los derechos humanos se garantizarían, como las creencias, ritos, igualdad y justicia.
763		Fundacion de roma.
975	Surge el nuevo Chichen-Itzá.	
1000	Cultura Olmeca.	
1200	Se crea la Cultura Maya.	

1294		Las siete partidas.
1325	Se funda techochtitlán por los Aztecas.	
1348	Ordenamiento de Alcalá.	
1426	Muerte de Tezozómoc.	
1483		Francisco de Vitioria es el Padre del Derecho Internacional.
1512		Principio de libertad de los mares.
1502	Moctezuma II es nombrado Tlatoani.	
1512	Leyes de Burgos.	
1521	Inicio de la colonia.	
1525	Muere Cuauhtémoc, último Tlatoani mexicano.	
1535		Primer virrey de la Nueva España.
1545		División territorial en la Nueva España.
1591	En cada Audiencia, es adscrityto un protector de indios.	
1680	Recopilación de leyes de los Reinos de las Indias.	

1756		Derecho Indiano.
1689		John Locke establece la noción de derechos naturales de la vida, la libertad y la propiedad.
1762		El contrato social o Principios de derecho político, expone sus argumentos sobre la libertad civil y contribuye a la Revolución Francesa.
1763		Tratados de paz con Inglaterra
1776		Declaración de la Independencia de EE.UU. proclama que "todos los hombres son creados iguales' y dotado de ciertos derechos inalienables.
1786		Sistema de Intendencias en la nueva España.
1789		Declaración francés de los Derechos del Hombre y del Ciudadano.

1791		EE.UU. Carta de Derechos incorpora las nociones de libertad de expresión, de prensa, ya un juicio justo en la nueva Constitución de los EE.UU.. 2. Se expide la Constitución Nacional de la Primera República en Francia. Su preámbulo es la Declaración de los Derechos del Hombre y el Ciudadano.
1793	4.5 millones de habitantes.	
1802		Tratados de Amiens.
1804		1. Código Civil Francés 2. El matrimonio toma rango de contrato en el Código Civil.
1810	Inicio de la guerra de independencia de México.	
1811		Independencia de Paraguar y Venezuela.
1813	Constitución de Cádiz. Morelos publica los Sentimiento de la Nación.	
1814	Constitución de Apatzingán.	

1815	Ejecución de José Ma. Morelos y Pavón.	El Congreso de Viena está en manos de los estados que derrotó a Napoleón. La preocupación internacional por los derechos humanos se demuestra por primera vez en la historia moderna. La libertad religiosa es proclamada, los derechos civiles y políticos discuten, la trata de esclavos condenados.
1816		Independencia de Argentina.
1818		Independencia de Chile.
1819		Independencia de la Gran Colombia.
1821	1. Plan de Iguala 2. Consumación Independencia de México 3. Tratados de Córdoba 4. Abrazo de Acatempan.	
1822	Agustin de Iturbide Emperador, primer Imperio Mexicano, Plan de Veracrúz.	
1823	Primer Congreso Constituyente.	
1824	1.Acta constitutiva de la Federacion 2. Constitución Política de los EUM 3. Guadalupe Victoria primer presidente constitucional.	

1825	Bando de Policía y Buen Gobierno de la Ciudad de México.	
1826	Se firma el Tratado de Panamá.	
1828	Crece la deuda experior provocada por daños causados a propiedades de extranjeros en el territorio.	
1829	Guerrero Presidente y Bustamante Vicepresidente.	
1833	Primer código sanitario mexicano.	1. Gran Bretaña aprueba el Acto de la Abolición, terminando la esclavitud en todo el Imperio Británico. 2. Muerte de Fernando VII.
1835	1. Texas es proclamado independiente. 2. Tercer Congreso Constituyente. 3. Bases para la Nueva Constitución.	Se establecen relaciones diplomáticas con España.
1836	1. Siete leyes constitucionales 2. Nace el Código Civil.	Independencia de Téxas.
1837	Ley para el Arreglo provisional de la Administración de Justicia en los Tribunales y Juzgados del Fuero Común.	

1840	7.5 millones de habitantes.	
1841	1. Origen del amparo con manuel crescencia rejon, mariano otero e ignaicon luis vallarta. 2. Yucatán se declara una República Independiente.	
1842	La Compañía Lancasteriana inicia funcionamiento oficial como Dirección General de Instrucción Primaria.	
1843	Bases orgánicas de la República Mexicana.	
1846	Inicia guerra entre México y los Estados Unidos.	Texas se anexa a los E.U.A.
1848	Se firma Tratado de Guadalupe. 2. México pierde parte de su territorio norteño con Estados Unidos	
1849	Plan de Sierra Gorda.	
1853	Santa Anna publica las Bases para la Administración de la República.	
1854	Plan de Ayutla para desconocer a Santa Anna.	

1855	Ley Juárez para restringir poder a tribunales eclesiásticos y militares.	
1856	Incapacidad legal de las corporaciones religiosas para adquirir bienes raíces.	Ignacio Vallarta denuncia la explotación laboral.
1857	Constitución Política de los EUM.	
1858	Benito Juárez Presidente.	
1859	Leyes de reforma .	
1861	Secularización de hospitales y establecimientos de beneficiencia.	
1862	Ley que sanciona de manera severa los delitos contra la independencia y seguridad de la nación.	
1863	Bases para el Nuevo Imperio.	
1864	Maximiliano y Carlota Emperadores de México.	
1865	Estatuto Provisional del Imperio Mexicano.	Legislación favorable para campesinos y obreros, profesión, industria y trabajo.

1867	Ley Orgánica de la Instrucción Pública en el Distrito Federal.	
1869	Se incluye al Jurado en el Procedimiento Penal del Distrito Federal.	
1870		
1871	Código Penal del D.F. Y de B.C.	
1872	Código Penal Federal.	
1874	Ley del timbre.	
1878	Se establece el principio de la No-Reelección para Presidente y Gobernadores.	
1880	8.5 millones de habitantes.	
1883	Tercera Ley de Amparo.	
1884	Primer Código de Comercio Federal (Código Barranda).	
1886	Ley Vallarta.	
1887	Reelección Posible con intervalos de cuatro años.	
1890	Reelección posible sin restricciones.	
1892	Código de Justicia Militar.	
1897	Ley sobre Instituciones de Crédito.	

1898	Ley sobre el Extravío y la Caducidad de títulos de Crédito.	
1903	Ley de Marcas Industriales, Ley de Patentes.	
1904	Normas sobre la Beneficiencia Privada.	
1905	Se crea la Secretaría de Instrucción Pública y Bellas Artes.	
1906	Se fijan indemnizaciónes para trabajadores.	
1908	Ley de Organización del Ministerio Público Federal.	
1910	1.Inicio de la Revolución Mexicana. 2. 15 Millones de habitantes.	
1911	1.Abdicación de Porfirio Díaz. 2.Plan de Ayala de Emiliano Zapata. 3.Madero Elegido presidente.	
1912	Creación de la Escuela Libre de Derecho.	
1913	1.Movimiento contra Francisco I. Madero. Decena trágica. 2.Plan de Guadalupe.	

1914	1. Convención de Aguascalientes. 2. Ocupación norteamericana de Veracruz.	Primer guerra mundial.
1916	1. Ley de pagos. 2. Prohibición de las corridas de toros. 3. Supresión de la Vicepresidencia.	
1917	Constitución Política de los EUM Vigente hasta nuestros días.	
1918	1. Ley Orgánica del Departamento de Contraloría. 2. Ley Electoral.	
1919	Asesinato de Emiliano Zapata.	1. Tratado de versalles En Versalles, los derechos de otras minorías de estrés de los tratados, incluido el derecho a la vida, la libertad, la libertad de religión, derecho a la nacionalidad del Estado de residencia, la plena igualdad con los demás nacionales del mismo Estado, y el ejercicio de los derechos civiles y políticos. 2. Sociedad de Naciones, con sede en Ginebra (Suiza).

1920	Venustiano Carranza, en camino hacia su exilio fue asesinado.	
1921	1. 14 millones de habitantes. 2. Obregón reestablece la Secretaría de Educación Pública.	
1924	Ley General de Instituciones de Crédito y Establecimientos Bancarios.	
1925	Ley que rige el Banco de México.	
1926	1.Ley Calles. 2.Guerra cristera.	
1928	Inicia el periodo conocido como el Maximato donde fueron presidentes Pascual Ortiz Rubio, Portes Gil y Abelardo Rodriguez.	
1929	Fundación del Partido Nacional Revolucionario (PNR).	Nace Martin Luter King.
1930	Ley sobre la Planificación General de la República.	
1931	Ley de Vías Generales de Comunicación y Medios de Transporte.	

1932	Código de Procedimientos Civiles del Distrito Federal y Territorios Federales, actualmente en vigor.	
1933	Procuraduría de la Defensa del Trabajo.	
1934	Ley de Nacionalidad y Naturalización.	
1935	Ley Orgánica del Presupuesto de Egresos de la Federación.	
1936	Ley Orgánica del Banco de México.	
1938	1.Expropiación petrolera. 2.Derecho de Huelga.	
1939	Fundación del Partido Acción Nacional (PAN)	
1940	Ley de Nacionalización de Bienes.	
1941	Ley de Industrias de la Transformación.	
1942	1. México entra en la segunda guerra mundial 2. Ley Federal de Educación	
1943	Bases para el sistema del seguro social.	

1944	Ley General de Bienes Nacionales.	
1945	Primera gran reforma electoral.	Las Naciones Unidas (ONU) se ha establecido. Su Carta se afirma que uno de sus principales objetivos es la promoción y el fomento de "respeto a los derechos humanos y las libertades fundamentales de todos, sin distinción de raza, sexo, idioma o religión". A diferencia de la Liga de las Naciones Unidas, la Carta subraya el principio de los derechos humanos individuales.
1948		Asamblea General adopta la Declaración Universal de los Derechos Humanos ¾ de la primera articulación internacional de los derechos fundamentales e inalienables de todos los miembros de la familia humana, y el primer acuerdo global entre las naciones en cuanto a los derechos específicos y libertades de todos los seres humanos. 2. Fundación de la Organización de Estados Americanos 3. Asesinan a Mathama Ghandi.

1949	Consejo Nacional de Turismo.	
1953	1.Se otorga el voto a la mujer. 2.Ley Electoral Federal.	
1955	Ley de Fomento de Industrias Nuevas y Necesarias.	
1956	Ley Reglamentaria de Aguas del Subsuelo.	
1958	Ley de Secretarias y Departamentos de Estado.	
1959	Ley Orgánica de la Tesorería de la Federación.	La Declaración de los Derechos del Niño es adoptada por unanimidad. Sin embargo, este texto no es de cumplimiento obligatorio para los Estados.
1960	Ley Federal de Radio y Televisión.	
1961	Ley Federal de Turismo.	Construcción del muro de Berlín.
1962	Primer distribución del Libro de Texto Gratuito.	

1963	Ley de Amparo.	John F. Kennedy muere asesinado en Dallas.
1965		Asesinato de Malcolm X (activista estadounidense).
1967		Muere asesinado Ernesto Guevara.
1968	Matanza de estudiantes en la plaza de las 3 culturas en Tlatelolco.	Muere asesinado Martin Luter King.
1970	1. Inicia la mayoría de edad en México a los 18 años 2. Derecho Agrario.	
1976	Entró en vigor la Ley Federal de Protección al Consumidor y se creó la Procuraduría Federal del Consumidor (Profeco).	
1977	Se promulgó la Ley Federal de Organizaciones Politicas y Procedimientos Electorales (LOPP)	
1989	Se funda en Partido de la Revolución Democrática (PRD).	1. La Convención sobre los Derechos del Niño es adoptada por la Asamblea General de la ONU y abierta a la firma y ratificación por parte de los Estados. 2. Caída del muro de Berlín
1990	Se crea el Instituto Federal Electoral (IFE).	Es liberado de prisión Nelson Mandela.

1992	Bélgica crea la ley que regula la protección de datos personales.	
1994	1. Entra en vigor el TLC Tratado de Libre comercio con Estados Unidos y Canadá. 2. Inicia el levantamiento armado en Chiapas por el Ejercito Zapatista de Liberación Nacional EZLN 3. Asesinato de Luis Donaldo Colosio	
1997	Surgieron las leyes del seguro social.	
2000	Primer transcición política en el país y Fin del sistema del partido único (PRI).	
2001	Reconocimiento a la autnomía de los pueblos indígenas.	Se celebra el Año Interamericano de la Niñez y la Adolescencia.
2002		1. La Asamblea General de las Naciones Unidas celebra la Sesión Especial en favor de la Infancia 2. Entrada en vigor del protocolo de Kioto 3. Nacimiento de la Corte Penal Internacional

2012		La Asamblea General de las Naciones Unidas aprueba el Protocolo facultativo de la Convención sobre los Derechos del Niño relativo a un procedimiento de comunicaciones.

Contenido Temático

Deber: 55, 56

Delito: 57, 58, 75, 76, 79, 83, 101, 113, 130, 136, 156, 163, 167, 168, 172

Demanda: 16, 58, 59, 109, 115

Derecho: 10, 11, 13, 14, 16, 17, 18, 19, 21, 35, 39, 40, 41, 46, 49, 51, 58, 60, 61, 62, 64, 76, 83, 86, 95, 102, 163

Estado: 11, 13, 16, 20, 48, 60, 62, 66, 78, 92, 113, 116, 120, 131, 137, 160, 167, 168, 170, 174

Gobierno: 20, 50, 78, 85, 92, 130, 174, 183

Justicia: 20, 107, 112, 137

Ley: 111, 112, 116, 169, 187

Norma: 12, 17, 24, 42, 50, 57, 60, 62, 63, 66, 77, 111, 112, 125

Obligación: 9, 11, 15, 40, 55, 56, 60, 85, 119, 126, 129, 137

Poder: 41, 61, 66, 73, 76, 86, 87, 91, 92, 107, 112, 120, 137

Sujeto: 40, 44, 49, 57, 59, 64, 162, 163

Bibliografía y fuentes

1. Instituciones

Presidencia de la República

Congreso de la Unión

Congreso del Estado de Nuevo León

Suprema Corte de Justicia de la Nación

Tribunal Electoral del Poder Judicial de la Federación

2. Textos

Código Penal del Estado de Nuevo León

Código Penal Federal – México

Código Civil Federal - México

Constitución Política de los Estados Unidos Mexicanos

Diccionario Jurídico Básico, Mónica Ortíz Sánchez

Diccionario Jurídico, José Manuel Fernández Martínez

Introducción al Estudio del derecho, Eduardo García Maynes

Derecho Constitucional Mexicano, Felipe Tena Ramírez

Teoría General de las Obligaciones, Manuel Borja Soriano

Compendio de derecho Civil, Rafael Rojina Villegas

La constitución mexicana, Jorge Carpizo McGregor

Derecho Proceal Civil, Rafael de Pina y José Castillo Larrañaga

Diccionario de ciencias Jurídicas, Ruy Díaz

Diccionario Jurídico, Ramírez Gronda

Diccionario de Términos Jurídicos más Usuales, Carlos Ghersi

Diccionario Jurídico, Rafael De Pina Vara

Indice

Del autor

Luis Narváez C.

Licenciado en Derecho y Máster en Educación.

Entre sus publicaciones cuenta con tres poemarios, un Diccionario pedagógico y el Diccionario jurídico que hoy presenta.

Ha participado en distintos eventos públicos y privados para difundir su trabajo literario y ha sido publicado en antologías de poesía y microrrelatos en España, EEUU, México y Argentina.

Actualmente intercala su actividad literaria con su trabajo como profesor universitario y de educación media superior en México.

Agradecimientos

A mi esposa, Aída Alehlí Carmona Alonso, principal crítico en mis proyectos.

A todos quienes me han acompañado como alumno en los espacios educativos en que me he concentrado, motor inicial del presente texto.

Apuntes:

Todas las definiciones, datos y otra información expuesta corren a cargo del autor y son de su absoluta responsabilidad.